国家出版基金项目
NATIONAL PUBLICATION FOUNDATION

记住乡愁

——留给孩子们的中国民俗文化

刘魁立◎主编

传统节日辑（二）

本辑主编 林继富

陈国玲◎编著

蒙古族那达慕

黑龙江少年儿童出版社

编委会

序

亲爱的小读者们，身为中国人，你了解中华民族的民俗文化吗？如果有所了解的话，你们又了解多少呢？

或许，你们认为熟知那些过去的事情是大人们的事，我们小孩儿不容易弄懂，也没必要弄懂那些事情。

其实，传统民俗文化的内涵极为丰富，它既不神秘也不深奥，与每个人的关系十分密切，它随时随地围绕在我们身边，贯穿于整个人生的每一天。

中华民族有很多传统节日，每逢节日都有一些传统民俗文化活动，比如端午节吃粽子，听大人们讲屈原为国为民愤投汩罗江的故事；八月中秋望着圆圆的明月，遐想嫦娥奔月、吴刚伐桂的传说，等等。

我国是一个统一的多民族国家，有 56 个民族，每个民族都有丰富多彩的文化和风俗习惯，这些不同民族的民俗文化共同构筑了中国民俗文化。或许你们听说过藏族长篇史诗《格萨尔王传》

中格萨尔王的英雄气概、蒙古族智慧的化身——巴拉根仓的机智与诙谐、维吾尔族世界闻名的智者——阿凡提的睿智与幽默、壮族歌仙刘三姐的聪慧机敏与歌如泉涌……如果这些你们都有所了解，那就说明你们已经走进了中华民族传统民俗文化的王国。

你们也许看过京剧、木偶戏、皮影戏，看过踩高跷、耍龙灯，欣赏过威风锣鼓，这些都是我们中华民族为世界贡献的艺术珍品。你们或许也欣赏过中国古琴演奏，那是中华文化中的瑰宝。1977年9月5日美国发射的"旅行者1号"探测器上所载的向外太空传达人类声音的金光盘上面，就录制了我国古琴大师管平湖演奏的中国古琴名曲——《流水》。

北京天安门东西两侧设有太庙和社稷坛，那是旧时皇帝举行仪式祭祀祖先和祭祀谷神及土地的地方。另外，在北京城的南北东西四个方位建有天坛、地坛、日坛和月坛，这些地方曾经是皇帝率领百官祭拜天、地、日、月的神圣场所。这些仪式活动说明，我们中国人自古就认为自己是自然的组成部分，因而崇信自然、融入自然，与自然和谐相处。

如今民间仍保存的奉祀关公和妈祖的习俗，则体现了中国人崇尚仁义礼智信、进行自我道德教育的意愿，表达了祈望平安顺达和扶危救困的诉求。

小读者们，你们养过蚕宝宝吗？原产于中国的蚕，真称得上伟大的小生物。蚕宝宝的一生从芝麻粒儿大小的蚕卵算起，中间经历蚁蚕、蚕宝宝、结茧吐丝等过程，到破茧成蛾结束，总共四十余天，却能为我们贡献约一千米长的蚕丝。我国历史悠久的养蚕、丝绸织绣技术自西汉"丝绸之路"诞生那天起就成为东方文明的传播者和象征，为促进人类文明的发展做出了不可磨灭的贡献！

小读者们，你们到过烧造瓷器的窑口，见过工匠师傅们拉坯、上釉、烧窑吗？中国是瓷器的故乡，我们的陶瓷技艺同样为人类文明的发展做出了巨大贡献！中国的英文国名"China"，就是由英文"china"（瓷器）一词转义而来的。

中国的历法、二十四节气、珠算、中医知识体系，都是中华民族传统文化宝库中的珍品。

让我们深感骄傲的中国传统民俗文化博大精深、丰富多彩，课本中的内容是难以囊括的。每向这个领域多迈进一步，你们对历史的认知、对人生的感悟、对生活的热爱与奋斗就会更进一分。

作为中国人，无论你身在何处，那与生俱来的充满民族文化DNA的血液将伴随你的一生，乡音难改，乡情难忘，乡愁恒久。这是你的根，这是你的魂，这种民族文化的传统体现在你身上，是你身份的标识，也是我们作为中国人彼此认同的依据，它作为一种凝聚的力量，把我们整个中华民族大家庭紧紧地联系在一起。

《记住乡愁——留给孩子们的中国民俗文化》丛书，为小读者们全面介绍了传统民俗文化的丰富内容：包括民间史诗传说故事、传统民间节日、民间信仰、礼仪习俗、民间游戏、中国古代建筑技艺、民间手工艺……

各辑的主编、各册的作者，都是相关领域的专家。他们以适合儿童的文笔，选配大量图片，简约精当地介绍每一个专题，希望小读者们读来兴趣盎然、收获颇丰。

在你们阅读的过程中，也许你们的长辈会向你们说起他们曾经的往事，讲讲他们的"乡愁"。那时，你们也许会觉得生活充满了意趣。希望这套丛书能使你们更加珍爱中国的传统民俗文化，让你们为生为中国人而自豪，长大后为中华民族的伟大复兴做出自己的贡献！

亲爱的小读者们，祝你们健康快乐！

刘魁立

二〇一七年十二月

目 录

蒙古族那达慕

| 草原上的那达慕 |

那达慕是蒙古族古老而传统的民俗节日，也是草原上隆重的体育盛会。

"那达慕"是蒙古族"那雅尔"的一种。"那雅尔"表示宴会、娱乐和游戏的意思。以娱乐和游戏为主的聚会被称为"那达慕·那雅尔"，是蒙古族举办的庆祝丰收的聚会。

那达慕期间，蒙古族举办丰富多彩的竞技和娱乐活动。其中，敖包祭祀是蒙古族祈求丰收的仪式；"男儿三艺"比赛和歌舞表演是重要的娱乐项目。那达慕期间的牛羊等畜产品交易也非常兴盛。

| 美丽的草原 |

时至今日，那达慕的活动项目更加丰富多彩，包括以摔跤、赛马、射箭、套马、赛骆驼、蒙古象棋为主的多种比赛项目。有的地方还比赛田径、拔河和篮球等现代体育项目。另外，民族歌舞表演、民族服饰、特色工艺品和蒙古族美食也增添了节日的气氛。

那达慕期间，牧民们与亲朋好友相聚，与同伴们比赛摔跤、射箭和骑马技术。草原上到处是欢声笑语，一切都呈现出欢乐祥和的气氛。人们在竞技比赛和各种娱乐中放松了身心。那达慕已经成为蒙古族庆祝丰收和休闲娱乐的节日盛会。

2006 年 5 月 20 日，蒙古族的那达慕大会被列入第一批国际非物质文化遗产名录。2007 年 9 月 26 日，内蒙古自治区呼伦贝尔市陈巴尔虎旗被中国民间文艺家协会命名为"中国那达慕文化之乡"。

蒙古族为什么要举办那达慕？

蒙古族为什么要举办那达慕？

如此丰富多彩的节日是从何时开始举办的呢？为了庆祝什么事情呢？没有人能够准确记得这些事情了。但是在蒙古族生活的大草原上流传着很多关于那达慕起源的传说。

游牧的蒙古族

一、蒙古族祖先说：那达慕是生存本领的展示

在历史上，蒙古族是一个游牧民族。他们的祖先赶着牛羊等牲畜逐水草而居，生活在蒙古高原这片广阔的天地里。

在游牧生活中，蒙古人的祖先学会了很多生产和生

狩猎

活技术。他们善于骑马追逐并用弓箭猎取动物。在紧急时刻，他们还可以赤手空拳与猛兽搏斗。

在平常的日子里，年轻人经常聚在一起总结狩猎经验，相互学习，并一对一地比赛技艺高低。那达慕大会上的"男儿三艺"就是原始狩猎技能的演化。直到今天，摔跤、驯马和射箭还是每一个成年牧民的看家本领。

二、呼韩邪单于说：那达慕是欢迎昭君的庆典

西汉时，匈奴的呼韩邪单于向汉元帝请求和亲。汉元帝将王昭君嫁给了他。在昭君来到草原时，人们举行那达慕欢迎昭君，载歌载舞。昭君来到草原后，劝解呼韩邪单于不要征战，并把中原的先进技术教授给部落

里的人。在昭君的努力下，匈奴与汉族和睦相处了六十多年，百姓过着安居乐业的日子。

为了纪念王昭君带来的美好生活，草原上的人们举办那达慕来纪念她。后来，那达慕延续下来就成为了蒙古族的一个传统节日。

三、成吉思汗说：那达慕是军事技能的较量

据史籍记载，公元1225年，成吉思汗西征花剌子模等中亚国家凯旋，在蒙古国汉国西境遇见从大本营来的迎接他们的队伍。于是，成吉思汗下令"设置大金帐，举行大聚会及大宴"。在大宴会上举行了"男儿三艺"比赛。这个"男儿三艺"比赛就是成吉思汗平日里举办的

军事比赛。因此，这次大聚会也被称为最早的一次那达慕。在此之后，每当检阅军队、出征之前或部队凯旋时，蒙古族都要举行那达慕。

四、部落首领说：那达慕是友谊的见证

历史上，常年的战争导致蒙古族各部落之间充满了仇恨。为了缓和矛盾，成吉思汗邀请各部落汇集在一起举行那达慕。人们在那达慕期间用摔跤、赛马和射箭等比赛解决矛盾纷争，比如用摔跤的胜负来决定草场分配问题或日常矛盾，大家都对结果心服口服。在此之后，各部落之间的关系明显变好了。因此，那达慕化解了部落间的矛盾，彼此建立起了友谊。

为了纪念那达慕带来的和平，各部落决定每年举办那达慕。那达慕期间，各部落牧民进行物资交换，并举办娱乐活动，交流感情。

五、萨满和喇嘛说：那达慕是美好心愿的寄托

那达慕起源于对敖包神灵的祭祀和祈祷活动。蒙古族认为敖包中住着天、地、山、水等大自然的神灵，有些英勇的祖先去世之后也住在敖包里。每年，蒙古族都在萨满法师或喇嘛的主持下祭拜这些神灵，给他们献上供品，并表演歌舞，祈求他们的保佑，祈求丰收的年景。

在丰收之后，人们不忘天地祖神的恩赐，于是举办那达慕活动来庆祝，因而形成了娱神、自娱性质的集会活动。

| 蒙古族萨满 |

六、年轻人说：那达慕是草原上的狂欢

蒙古族的年轻人酷爱摔跤、骑马和射箭等活动。他们从幼年就模仿大人的样子进行比赛。等他们长大后，这些在游戏中练成的技能就成为他们狩猎和放牧时的本领。可是，草原上的牧民住得很分散，年轻人很少有时间聚在一起游戏。这让他们心中充满了苦闷。

枯燥的生活让他们决定选一个时间举办那达慕。男孩子比赛摔跤、骑马和射箭等日常游戏。他们请来老人作裁判。女孩子聚到一起跳舞、唱歌，还比赛刺绣等手工艺。那达慕举办后，游牧生活的劳累一扫而光，草原上到处都是欢声笑语。于是，大家就决定将这个节日延续下去。

七、科学家说：那达慕是协调生产和娱乐的智慧

那达慕选在每年的七至九月间举行是经过了历史经验的验证，是蒙古族协调紧张生产和娱乐需求的智慧结晶。

蒙古族一年的生产活动繁忙而紧张。春季，蒙古族带着蒙古包游牧，为牛羊寻找牧草。春末夏初，牧民要为羊剪毛、喂盐。夏季水草丰足，畜牧生产相对轻松。秋季要准备冬天的草料，并赶着牛羊去往冬季牧场。冬季要圈养牛羊，做接生小羊羔等工作。因此，那达慕在每年的七月份到九月份举行，刚好错开了蒙古族繁忙的畜牧业生产。

另外，这个时节是蒙古族的丰收季节。举行那达

| 游牧时的蒙古包 |

慕的时间多在春夏之交或秋初。从五月开始到七八月间，草原上五畜肥壮起来，乳液丰富，是蒙古人开始扎挤马奶的时节，也是酿制马奶酒的美好季节。草原进入"乳食为主的白色季节。"人们在这个季节举行祭敖包、马驹节和那达慕等节日来庆祝丰收和享受美食。那达慕为单调的游牧生活增添了乐趣，满足了牧民们的精神需求。

这是蒙古族享受美食和娱乐的时节，也是畜牧产品销售和贸易交流的旺季。蓝天白云、无垠的草原、白色的蒙古包和哈达、洁白的羊群、五彩的服饰、香醇的马奶酒和欢愉的牧民成为那达慕上最美丽的风景。

那达慕是什么样子？

| 那达慕是什么样子？ |

那达慕是如何发展起来的呢？历史上的那达慕是什么样子的呢？蒙古族都举办过哪些大型的那达慕呢？现代那达慕又增加了哪些运动内容呢？让我们穿越时空，去看一下那达慕精彩的历史和多彩的主题吧。

一、历史悠久的那达慕

那达慕具有非常悠久的历史。中国北方的鲜卑人、匈奴人、契丹人等游牧民族都曾经举行过类似"那达慕"的聚会。在生产力落后的年代，人们在粮食丰收或狩猎归来时举办宴会，聚在一起饮酒娱乐，唱歌跳舞，比赛谁的狩猎技巧更高超。这是那达慕最原始的形式。

成吉思汗将那达慕的活动发展并丰富起来。他命令蒙古族在祭祖、祭敖包、庆典活动和出征之前都要举办那达慕。据传说，成吉思汗登基时举办了一次大型那达慕，其中"男儿三艺"的比赛就举行了好几天。

清朝的皇室和贵族也非常热衷那达慕。康熙皇帝曾在内蒙古包头市北白云鄂博附近的百灵庙举办了一次盛大的那达慕大会。至今，人们仍把这里看作那达慕草原盛会的发源地。清代最著名的那达慕是在克什克腾旗举办的昭乌达塔拉盛会。康熙皇帝召集了巴林左旗、巴林右旗和克什克腾旗等十多个旗的王公贵族参加。

发展到近现代，那达慕的项目越来越丰富，吸引了更多的人参加。如今，那达慕成为融合蒙古族体育、宗教、歌舞、服饰、饮食和建筑等各种文化的大聚会。

二、全民参与的那达慕

每半年、一年或三年，蒙古族会以盟、旗或苏木为单位举办全民那达慕。这里的盟是内蒙古自治区地级行政单位，旗是内蒙古自治区特有的县级行政单位，苏木是指内蒙古牧区与乡镇同一级别的行政区划单位。

一般来说，摔跤手的数量和会期长短决定了那达慕规模的大小。大型那达慕会期为 7 到 10 天，有不少于 512 名摔跤手和不少于 300 匹骏马参加。中型那达慕会期为 5 到 7 天，有不少于 256 名摔跤手和 100 至 150 匹骏马参加。小型那达慕以苏木为单位，会期为 3 到 5 天，有 64 名或 128 名摔跤手和 30 至 50 匹骏马参加。

在牧区，儿童的"剪发礼"、老人做寿和乔迁新居等喜事都会举办家庭那达慕。因为家庭那达慕由牧民单个家庭举办，会期短、参与人数少，又称为微型那达慕。它的规模很小，通常选择"男儿三艺"中的任意两项和歌舞表演为主要活动。亲朋好友都穿上节日的盛装前来参加，周围的蒙古族和汉族朋友也可以参加庆祝活动。

三、主题丰富的那达慕

那达慕是蒙古族欢庆的节日，丰富多彩的活动给人们增加了很多乐趣。那达慕上经常举办的活动都有哪些呢？

那达慕的活动包括祭祀敖包的仪式和竞技娱乐项目。蒙古族的"男儿三艺"包括"搏克沁"（摔跤）、"乌努嘎沁"（赛马）、"哈热玛嘎沁"（射箭），是那达慕中不可缺少的三项竞技活动。蒙古族传统而经典的赛骆驼、"沙特拉"（蒙古象棋）和"打布鲁"（抛曲棍）等游戏也常列在节目单上。那达慕还有多种表演类的节目，如民族歌舞表演、篝火晚会和焰火表演等。

因为主题不同，每届那达慕的项目存在差别。那达慕都有哪些主题呢？

1. 敖包那达慕

敖包那达慕以敖包祭祀活动为主要内容，是最传统的那达慕形式。东乌旗的白音敖包那达慕是著名的敖包那达慕。敖包那达慕主要是为了祭天、地、山、水等大自然的神灵。祭拜完毕还要举行摔跤、赛马、射箭等比赛。傍晚，人们在草地上举行分享祭品的"贺西格"仪式，以共享神灵的庇佑。

2. 纪念那达慕

纪念那达慕一般为了庆祝历史上具有特殊意义的时间或重要的事件，如"东归那达慕"就是为了纪念土尔扈特部回归祖国。

3. 竞技那达慕

竞技那达慕是以蒙古族传统体育项目为主要内容的

| 东归那达慕 |

那达慕。竞技那达慕一般由著名的搏克沁组织，举行搏克、赛马、射箭等体育项目。优胜者将赢得荣誉和物资奖励。

4. 祝寿那达慕

| 竞技那达慕 |

祝寿那达慕主要通过祭

祀敖包向神灵祈求高寿。蒙古族老人一般分别在73岁和85岁的前一年举办祝寿那达慕。晚辈和亲朋好友都聚到一起祝寿，并参加搏克、赛马和赛骆驼等比赛。

5. 婚庆那达慕

婚庆那达慕是蒙古族家庭婚礼中举办的庆祝活动。新郎和新娘及其亲朋好友出席婚礼仪式，并参加"男儿三艺"的比赛，以激烈的那达慕比赛增添婚礼的喜庆气氛。

| 祝寿那达慕 |

| 婚庆那达慕 |

6.冰雪那达慕

冰雪那达慕是将滑雪、滑冰、雪雕、冰雕等冰雪项目融入那达慕比赛的新形式,主要在冰雪季节较长的呼伦贝尔草原、海拉尔市、满洲里市和阿尔山市等地举办。冰雪那达慕包括普通那达慕的基本项目,同时,还举办冰上射箭、滑冰等冰雪

| 蒙古族婚礼 |

|冰雪那达慕|

项目。

　　那达慕文化的传播吸引了世界各地的人们。丰富的主题为那达慕增添了吸引力。那达慕已经不仅仅是蒙古族的节日，也是全世界人民喜爱的节日。

|冰雪那达慕|

隆重的敖包祭祀

|隆重的敖包祭祀|

敖包祭祀是蒙古族传统的祭祀神灵的宗教活动，是那达慕的第一项活动。那达慕上的敖包祭祀向敖包里的神灵献上供品，并预祝那达慕顺利举办。各项比赛的选手也在祭祀敖包时祝福自己获得好成绩。

神灵居住的敖包是什么造型呢？敖包究竟有什么样的神秘力量呢？怎么祭祀才能得到神灵的保佑呢？让我们一起来认识一下蒙古族的敖包吧。

|草原上的敖包|

一、敖包是什么？

敖包，是蒙古语的谐音词，也有译作"脑包""鄂博"，是用木头、石头或者土垒成的"木堆儿""石堆儿"或"土堆儿"。蒙古族人常在山顶、山隘口、湖畔水边、交叉路口或沙滩中修建敖包。

一座敖包由敖包主体、禄马风旗、香烛祭台和护卒树等部分组成。敖包顶端竖起长杆，长杆顶端是一柄苏力德（传说苏力德是成吉思

|敖包|

新式敖包

汗统帅蒙古大军时的战旗。蒙古族把它看作守护神，可以保佑人们战无不胜）。杆头上绑着牛羊的角或皮毛，经文布条从杆头垂下，围绕在圆锥形的敖包上。敖包前面摆设香烛祭台，悬挂的禄马风旗随风飘动。

敖包的材质多种多样，多就地取材，常见的有石头敖包、柳条敖包、泥土敖包、树木敖包、草堆敖包和砖头敖包等。住在草原或丘陵地带的蒙古族用石头垒成山状的敖包。在沙漠附近居住的蒙古族就用柳条做成圆形尖顶的敖包。近些年新建的敖包多数用砖瓦或钢筋水泥垒成。

根据外形，敖包主要有圆形敖包、方形敖包或塔形敖包等。圆锥形的敖包是最原始的敖包造型。敖包的四周放有烧柏香的垫石。在祭祀时，敖包旁边都插满树枝，并在祭台上摆放整只羊、马奶酒和奶酪等作为供品。

二、敖包有什么用途？

最初，敖包是牧民在草原上垒起的游牧地边界标志或指示方向的道路标志。广阔的草原一眼望不到边，分不清方向，也不容易认清所处的位置。于是，聪明的牧民就在地势较高的地方垒起敖包当作指路牌。一座敖包的形体大小接近于一座蒙古包，在广阔的草原上非常醒目。这样，矗立在蓝天碧草之间的敖包成为了牧民的指路牌。为了辨认自己家的草场，牧民就垒起连续的敖包划分草场的界限。

因为敖包是神灵的栖息地，大部分敖包是需要祭祀的。敖包祭祀，主要是祭祀长生天。按照北方原始宗教"孛教"的教义，长生天是万物之主，是最高神灵。敖包是萨满巫师与天相通的场所，祭敖包，即祭长生天，也祭山神、路神等各方神灵。

在蒙古族人民的心中，天地间的万事万物都有灵魂。天有天神、地有地神、花草树木都有神灵。每座敖包里都住着一个受蒙古族人崇拜的神灵。有的敖包住着天神、地神、山神、风神、雨神等自然神灵，有的敖包住着蒙古族祖先和英雄人物的神灵。敖包的神灵掌管着气候变化、战争、灾祸和生产的丰歉，还管理着人的生老病死和生存繁衍等大小事务。

敖包就是祭祀神灵和祖先的祭坛。蒙古族祭祀敖包

| 敖包 |

是为了向天神求雨，向地神求草，向龙王求风调雨顺。祈求神灵赐福，保佑生产丰收和家人平安。

每个敖包都有固定的祭祀日期。按照习俗，路过敖包的人，都要祭拜敖包。

三、敖包的神秘传说

由于敖包是祭祀天地诸神的地方，敖包和周围的土地是神圣的领域。敖包上的一草一木都有灵性，受到神灵的保护。蒙古族民间传统习俗认为，敬奉敖包就能得到神的保佑，触怒敖包就会被惩罚。不能随便砍伐敖包上的树，不能随便挖敖包上的土，也不能狩猎敖包上的动物。天神敖包所在的山丘被视为禁地，除了祭拜，任何人不能随便进入。

除了这些神秘的规定，草原上流传着很多敖包神灵保佑或惩罚人的故事。

相传，有一位猎人在打猎时，见敖包上有几只盘羊。猎人听老一辈讲过：放过撞到枪口上的猎物的话就会失去打猎的好运气。于是，猎人开枪打死了头羊。但是，猎人立刻受到了惩罚。他的一只眼睛被猎枪轰瞎了，只好悲惨地回了家。当晚，家里的羊在夜里被狼咬死了一多半。妻子因此昏倒了，儿子在去请医生的路上被野兔惊了马，从马上摔下来，摔断了一条腿。

与这个猎人相反，有一个老猎人救了天神的狼而受到神灵保佑。当时，老猎人在打猎的途中看到被兽夹捕获的母狼，母狼身边的小狼嗷嗷待哺。他心里想：狼是天神"腾格里"派来清理草原的神兽，何况它还有要吃奶的小崽儿呢。老猎人打开了兽夹，救了母狼。从此以后，老猎人得到了好运。他和他的家人都非常健康快乐。

这样的传说有很多，连蒙古族的贵族们也相信敖包的传说。传说忽必烈可汗曾在元上都周围建立起了108座敖包，并定期祭祀，以表对神灵的虔诚之心。

如今，草原上修了马路，人们不再迷路了。然而，傲然耸立在草原上的敖包依然散发着神秘的气息，接受着人们的朝拜。

四、如何祭祀敖包？

传统的敖包祭祀仪式比较复杂，包括祭祀前准备、祭祀敖包和敖包那达慕三个部分。

祭祀敖包之前要先举办三天诵经会，请喇嘛念经，为山川和人畜祈求平安和好运。在祭祀敖包前一天，人们用松树枝点燃后熏洗敖包，让火神驱走厄运和污秽。然后用新鲜的树枝、五彩的哈达和经幡等重新装饰敖包，并在敖包神杆上重新悬挂禄马风旗和五色彩旗等吉祥装饰物。

为了争得好运，年轻人会在祭祀当天的日出之前抢登敖包。最先爬到"山顶"祭拜神灵的年轻人会得到神灵的赐福。

一大清早，牧民们从四面八方赶来。他们穿着节日的盛装，带着祭祀敖包的供品。人们相互打招呼致意，一起向敖包走去。

在敖包"山"下，牧民从"山"脚开始虔诚地祈祷并一步一拜地向"山顶"前进。他们朝敖包跪拜下去，双手向前平伸，上身也趴向地面，五体投地地向神灵表达自己的虔诚。然后起身向前走一步后，继续这样俯身跪拜，一直拜到"山顶"。

在通往"山顶"的路边，每隔两三米就有一座小石堆，这是赶早上"山"的牧民垒起来的。后边经过的牧民将从草地上捡来的小石块继续堆垒上去。而且，牧民还在石堆上洒上鲜牛奶和祈求好运的纸符。

在"山顶"的敖包前，萨满（在藏传佛教未传入蒙古地区前，萨满教是蒙古人古老的原始宗教，萨满是敖包主祭人）一边念叨祭辞，一边把献给神灵的牛羊从头到尾洒上鲜奶，然后把煮熟的全羊和牛头献到敖包的祭台上。萨满法师吟诵颂神、请神、祈神、祭神、送神的祭文，祈求神灵降福给牧民。人们用最珍贵的食物和最好

| 赶往敖包祭祀的人群 |

| 虔诚的长头 |

| 祭祀敖包路上的石堆 |

的奶酒祭祀敖包，向天神、地神和祖先感恩，祈求神灵的保佑。

按照习俗，人们迎着初升的朝阳，顺时针绕敖包转三圈，向神灵祈求风调雨顺、六畜兴旺。

绕敖包的过程中，他们一边祈祷一边往敖包上洒鲜奶，并在敖包上供奉石块、哈达等各种祭品。牧民还在敖包前虔诚地祷告，希望神灵赐福。

敖包祭祀是牧民按照保护自然环境的心愿而进行的祭祀。牧民认为，草原和牧场是他们生存的根基。草原上的雪灾、旱灾、狼灾等都是因自然环境遭到破坏而导致的。牧民将天看作父亲，将地看作母亲，雨露浇灌草

| 敖包祭品 |

|祭敖包|

|祭祀敖包的
搏克|

原养活了牧民。只有祭祀敖包，天才能风调雨顺，地才能水草丰美，牲畜才能膘肥体壮，牧民才能生活富足。因此，可以说敖包祭祀是蒙古族先民与自然和谐共生的经验积淀。

敖包祭祀结束后，参加那达慕比赛的选手就前往那达慕会场做准备。人们也从敖包"山"上下来进入会场，等待比赛开始。

|转敖包|

历史悠久的「男儿三艺」

| 历史悠久的"男儿三艺" |

"男儿三艺"产生于古代狩猎时期，是游牧民族的一种生存技能。"男儿三艺"主要包括搏克、射箭和赛马三种比赛。那达慕大会的活动中至少进行"男儿三艺"中的两项，其中搏克比赛是必不可少的一项。

蒙古族将"男儿三艺"作为评价一个蒙古男儿的主要标准。在许多蒙古族的史诗和民间故事中，英俊的小伙儿要夺得"男儿三艺"的冠军才能娶回公主。那么让我们来看看"男儿三艺"有什么特色。

一、搏克

搏克是蒙古语，全称为"搏克•巴依勒德乎"。汉语将搏克翻译为摔跤，是徒手搏斗的一种竞技游戏。作为"男儿三艺"之首，搏克是那达慕大会中不可缺少的项目。获得过比赛名次的摔跤手被尊称为"搏克沁"。

1. 搏克的历史故事

蒙古族流传着很多搏克的历史故事和传说，考古学家和历史学家也发现了很多历史资料。那历史上的搏克是一项什么样的运动呢？

| 角抵铜牌 |

| 清代《塞宴四事图》|

博克，最早称为角力、摔跤，是一项历史悠久的民间游戏。我国北方游牧民族很早就开始玩摔跤的游戏了。考古学家在一座战国墓葬中挖掘出了一枚以角力图像为装饰的铜牌饰。

史书中记载蒙古族自13世纪开始玩摔跤游戏。人们在那时把摔跤当作日常游戏。参加摔跤的人穿着皮革做成的单衣，脚上穿着长靴，相互搏斗，将对手推倒在地就算胜利。后来，摔跤逐渐成为盛行于北方草原的游戏，人们时常三五个人聚在一起，以摔跤比赛为娱乐。

元代，摔跤成为锻炼战士作战能力的一种军事训练方式。《蒙古秘史》中记载了成吉思汗的儿子拙赤和察

| 日常搏克 |

哈台因争夺皇位而进行摔跤比赛。

清代，统治阶级经常举行"布库之战"或"演布库"。"布库"就是蒙古语的"搏克"，指摔跤手或大力士。《塞宴四事图》就描绘了乾隆皇帝与蒙古族贵族在塞外观看搏克比赛的景象。

为了成为优秀的搏克手，蒙古族男子幼年就模仿大人摔跤。两个孩子在放牧间歇或闲暇时，往往一较高低。他们不需要观众，也不需要特殊场地，纯粹是为了娱乐，为了获得身心的放松和快乐的心情。长辈们也常在一旁观看，并积极指点年轻人，教授他们搏克的技能，并分析胜败的原因。

今天，在蒙古族的日常生活中，摔跤不仅是游牧闲暇时的娱乐，也是解决日常生活中矛盾冲突的一种手段。不管是在草原上还是雪地上，还是在蒙古包旁边，摔跤是随时随地都可以进行的较量。

2. 搏克的比赛规则

搏克有严格的比赛规则，以保证人们对比赛结果心服口服。搏克比赛都有什么规则保证公平呢？

首先，任何选手在报名和参赛规则前都是平等的。参赛的摔跤手不受地域、年龄、民族、体重和以往成绩的限制，只要在名额满员之前都可以自由报名参加比赛。

其次，摔跤比赛采取一对一的淘汰制，每局比赛两人一组。比赛以一跤定输赢，只要使对手膝盖以上的身体

3. 精彩的搏克比赛

搏克比赛是牧民最喜欢观看并且广泛参与的活动。蒙古族热爱搏克就如同热爱自己的生命一样。他们认为，没有搏克比赛的那达慕就不能称为那达慕。西乌珠穆沁旗在 2004 年举办过有史以来最大的一场搏克比赛，参赛选手达到 2048 人。

参加搏克比赛的主要是年轻力壮的青年男子。他们身材健硕，且勇猛机智。蒙古长调《摔跤手歌》中赞美摔跤手力大无比，可以推倒大山，拔起巨树，无人能敌。这符合蒙古族英雄的形象。蒙古族把搏克沁当作英雄一样崇拜，把他们比作雄狮猛虎，比作光芒万丈的太阳。

在那达慕上还有女摔跤手和小摔跤手的摔跤表演。

部位碰到地面就算胜利。

再次，在摔跤过程中，两个摔跤手可以扳对方的肩膀，可以相互搂腰，抓皮坎肩和腰带等。但是抱腿、打脸、碰触眼睛和耳朵、拉头发、踢膝盖以上的部位等动作是不允许的。摔跤比赛比的不是身体上的优势，而是考验摔跤手的力量、速度和耐力等方面的身体素质，以及机智、勇敢的精神品格。

在《马可波罗行纪》中有一个"国王海都女之勇力"的故事，记载了海都王的女儿用摔跤来选择夫婿的事情。谁能在摔跤比赛中赢了公主，就可以娶她为妻。如果输给了公主，就要给公主一百匹马。许多贵族子弟闻讯前来参加摔跤比赛，却没人能胜过公主。公主赢了一万多匹马，却没能选到夫婿。

在今天，蒙古族女子在搏克比赛中仍然表现得非常精彩。2005年，首届妇女那达慕在锡林郭勒市东乌珠穆沁旗举行。大会上的女子摔跤比赛赢得了人们的关注。

儿童组搏克主要由13岁以内的男孩参加，有些小摔跤手8岁就参加那达慕的比赛。他们穿着母亲为他们

| 女子搏克 |

特制的摔跤服，有模有样地参加搏克比赛。虽然年幼，小搏克手的动作和技巧却有板有眼，展示了蒙古族男子汉的气概。

搏克比赛当天，搏克手在祭祀过敖包之后进入会

| 小摔跤手 |

37

|搏克入场|

们挥舞双臂，模仿猛兽奔跑的样子和雄鹰展翅飞翔的雄姿。选手分别向对手、裁判和观众合掌致意，然后进入比赛。

蒙古族摔跤的技巧有很多。摔跤手一上场首先相互抓着对方的胳膊，试探对方的力量。在比赛中将推、捉、扯、拉、压等十三个基本动作组合使用，演变出一百多种招式，随机应变。

场。在赛前，德高望重的长者或经验丰富的裁判为参赛选手编排次序。唱过三遍赞歌后，摔跤手奔跑入场。他

|精彩的搏克比赛|

因为搏克比赛是一局决定胜负，所以有经验的搏克手会十分谨慎。他们会抓住一切摔倒对方的机会，却从不轻视对方，也绝不会乘人之危。即使对手的实力比自己弱，也要慎重地与对方较量，以确保万无一失。

每场比赛后，胜者会拿出准备好的糖果和奶制品等

双手献给裁判，并撒一些给观众，把自己的好运分享给大家。

蒙古族摔跤是一种汇集了体力、勇气、智力和意志力的较量。在古代，搏克比赛的胜败不仅是摔跤手个人的名誉，更是关乎部落安危存亡的大事。在搏克比赛中拔得头筹是搏克沁所在部落的荣誉。作为搏克沁的同乡或朋友，人们为他们感到自豪。人们把取得冠军的搏克沁的英勇事迹在草原上传颂。

有位名叫森格的搏克沁一生参加过一百多次那达慕的搏克比赛，夺得冠军和亚军50多次。他去世后，为了纪念他的英勇，他的塑像被立在巴拉嘎尔广场。

二、赛马

1.马是蒙古族人的好朋友

蒙古族是"马背上的民族"，在古代征战中，马是骑兵的脚，是粮草和武器的主要运输工具，还是快速进攻敌人的秘密武器。在日常生活中，人们用马驮运东西，骑马放牧。马不仅是蒙古族的生产资料和生活资料，而

| 摔跤的搏克手 |

且是蒙古族人生活中的伙伴和家人。

蒙古族赛马的历史已经有两千多年了。蒙古族从幼年开始学习骑马，跟随大人在马背上狩猎和放牧牛羊。狩猎和放牧的闲隙，赛马是他们最好的娱乐活动。骑马逐渐演变成具有竞技性质的娱乐项目，并成为那达慕的主要项目。

早期的赛马主要较量速度。秋天的膘马越野比赛和秋冬围猎时的群体赛马就是以速度决定胜负。比赛时，一声令下，几百名少年骑着扎好马鬃和马尾的骏马在草原上赛跑。最先到达终点的人会受到奖赏。

2. 赛马的准备工作

赛马前需要做足准备工作。其中，吊马和打烙印是必不可少的。

为了在赛马比赛中获得好的成绩，人们会在比赛前吊马。吊马是在比赛前对参赛马匹在饮食、作息和赛跑等方面进行调整和训练。吊马可以使马掉膘，身体重量减轻，奔跑速度加快。

因为马的种类和素质不同，吊马花费的时间也不同，有的赛前十几天就可以完成，有的需要提前一年时间。年龄越小的马需要的时间越多。

打烙印是为了便于辨别和登记马匹。这个工作一般在每年的四月至五月间进行。因为这时的天气干燥又不太热，打烙印的伤口容易痊愈。牧民为两岁的马在左后大腿上打烙印。烙印一般有太阳图案、月牙图案、鱼形图案和鸟形图案等。这

些图案都是牧民家族使用了几代人的图案，具有特殊的意义。

3. 赛马的比赛项目

那达慕上的赛马分为快马赛、走马赛和颠马赛等项目，分组比赛。为了公平起见，参赛的马按照成年马、五岁马、四岁马和三岁马分组。近些年又增加了驯马和各种马术表演。

这些赛马项目都是如何比赛的呢？有什么特别之处吗？

（1）快马赛

快马赛是最激动人心的赛马。我们只需想象一下群马奔腾的场景就很振奋人心

|打烙印|

| 赛马的小
骑手 |

了。快马赛的参赛人数少则几十人，多则上百人。参赛者主要是青少年，一般不超过十三岁，不小于七岁。

能够参加赛马是一件很荣耀的事情。小选手的父亲会提前一至两个月为儿子选马，陪儿子训练马匹。母亲会为小选手制作参赛时穿的新衣服。参加比赛的选手和

| 儿童赛马 |

马都会精心打扮。小选手头上扎着用红、黄绸布装饰的彩巾，身穿柔软绸布制作的蒙古袍，脚穿高筒蒙古靴，整身装扮，英姿勃发。马儿的鬃毛和尾巴都系上彩带，马笼头也用彩色丝带装饰。

细心的人会发现，小选手都没有为马加上马鞍。为什么呢？这是为了让马在奔跑的过程中无拘无束，但是，这对骑手有较高的技术要求。

小选手一个个稳若泰山地骑着马在起点线等候号令。裁判一声令下，他们就如离弦的箭一样向前跑去。赛场上群马奔驰，小选手摇动着小马鞭，时而扬鞭催促马儿快跑，时而拉动缰绳控制马儿的方向，嘴里不断发出"噢、噢"的驱赶声。

|赛马|

|颁奖|

跑道两边亲人和朋友的呐喊声、锣鼓声齐鸣，场面蔚为壮观。

马儿从赛道上飞驰而过，扬起一片烟尘。小骑手个个伏身紧贴在腾空飞驰的马背上。站在高处望去，犹如多枚离弦之箭冲向终点。到达终点后，萨满会咏唱赞美诗，赞美骑手高超的驯马技术和马的矫健雄姿。人们会在马头、马身上洒上鲜奶或马奶酒来庆祝胜利。

比赛结果按照马匹到达终点的顺序计算名次。奖品主要有骆驼、马、牛、马鞍、绸缎、布匹和砖茶等。在赛马中获胜的话，小骑手会受到人们的赞誉。马的身价也会提高。最快的马被美称为"阿吉内"。

当然，触犯比赛规则会受到处罚。比赛中抢跑的选手会被没收马匹，并取消参赛资格；如有人违反比赛规则或在赛马过程中作弊都会受到不同程度的惩罚。

（2）走马赛

走马赛与快马赛不同。快马赛策马狂奔，以速度取胜。走马赛是以马的步伐的稳健与轻快为评价标准，主要比试马的毅力和耐力。因此，走马赛被称为"赛马中的竞走赛"。

走马赛的赛程一般为15千米，参赛者主要是驯马技

| 走马 |

术熟练的中老年人。走马赛中，骑手操纵缰绳，指挥马匹用前后蹄一顺交错的步伐奔跑，比较马的身姿和步伐是否稳健。走马赛非常考验骑手驾驭马匹的能力。只有

经过严格训练的马匹才能在骑手的指挥下跑完全程。

（3）颠马赛

颠马赛是赛马姿态最优美的比赛，是蒙古族特有的马上竞技项目。颠马赛设在宽敞平坦的场地上，方便比赛中选手相互追赶。

颠马赛要求在保持一定奔跑速度的前提下，较量马的优美姿势和选手平稳的坐姿。比赛中，选手坐在马上勒紧缰绳，控制马的动作。骏马高昂着头部，四蹄高高抬起后交替前进。动作幅度小于奔跑的速度，大于走路的状态。

（4）蒙古族套马

套马是蒙古族游牧生活中驯服马的方式，后来演变成为一项体育活动。

那达慕上的套马比赛是

| 套马的汉子 |

非常惊心动魄的。套马比赛时，将一匹性格猛烈的马放到草原上，让它自由奔驰。参赛的选手手持约 3 米长的套马杆，木杆顶部扎一条套马的环形绳子。选手各自骑马追赶那匹未被驯服的烈马。等离烈马三五米的时候，选手将套马杆甩起来，用顶端的绳套套住马的头部，然后勒紧绳索。烈马被套住后就会极力挣脱束缚，用力向前奔跑。选手需要握紧套马杆，免得烈马挣脱，或被他拉下马。勒紧的绳索和奔跑使烈马逐渐体力不支，最终被驯服。谁先将马套住并制服它，谁就是胜者。整个过程惊心动魄，扣人心弦。

在日常生活中，牧民常直接用系有活结的绳索套马。在奔跑的马背上驯服烈马非常需要胆量和经验。不管是挥杆套马还是绳索套马都非常讲求技术。

|马背取物|

（5）蒙古族马术表演

蒙古族马术表演就是在马背上表演各种动作，是驭马技术的展示。

马术表演没有限定表演方式，表演的动作任由骑手自由发挥，主要考验骑手的胆量和驾驭马的本领。骑手凭借敏捷的身手表演各种惊险动作，他们时而贴在马腹下随着马儿奔跑，时而从奔跑的马上跳上另一匹马，还在马背上表演乘马斩劈和超越障碍等扣人心弦的动作。

在马背取物表演中，蒙古族小伙精神抖擞地坐在马背上。在马儿飞快地越过帽子的一瞬间，小伙儿身手敏捷地弯下身将帽子捞起来，高举在头顶上挥动，引得人群阵阵喝彩。

单人的马背倒立与侧身的表演多做循环表演，单刀

|双人叠罗汉|

|多人叠罗汉|

斩劈和双刀斩劈充满了蒙古族的豪迈之情。

马背叠罗汉将驭马技术和体操动作结合，非常惊险。双人单马叠罗汉的选手同乘一匹马，在奔腾的马背上做出倒立、肩上直立等动作，赢得观众的喝彩。多人的马上技巧需要人与马的协调配合，需要密切的集体协作和高超的技术水平。如三匹马和六名选手在奔驰的马上做出的"金字塔"造型就是具有较高难度的表演。

三、射箭

射箭是北方游牧民族很早就掌握的一项技能。蒙古语将弓箭称为"诺木·苏木"，射箭为"苏日哈尔布朗"，意思为射皮条。弓箭手在蒙古语中称为"莫日根"，是汉语中"神箭手"的意思。

1. 草原上的弓箭史

敦煌莫高窟第五十三窟窟顶中有一幅绘画作品，描述的是游牧民族射箭的姿态。图中的弓箭手拉弓搭箭射向空中的飞鸟。可见，射箭是蒙古族很早就掌握的技能。

后来，蒙古族的连年征战使弓箭成为男子必备武器。成吉思汗曾经规定，每个战士必须携带的武器是两到三张弓，其中必须有一张好弓，还要随身携带三个装满箭的箭筒。成吉思汗的大将木华黎、移相哥和哈萨尔等都是赫赫有名的神箭手。

蒙古族认为弓箭是祖辈

| 射箭图 |

传下来的神圣之物，是他们随身携带的武器和吉祥物。蒙古族幼儿两岁的时候就开始学习骑射。父母会为他们选择合适的小弓箭，教他们骑射的技艺。蒙古族女子也能像男子一样骑上骏马，弯弓射箭。

人们非常尊重优秀的射手，射手也乐于为人们表演自己的技艺给人们助兴。草原上传颂着很多神勇的骑射手的故事。

| 蒙古族弓箭 |

2. 蒙古族弓箭

射箭比赛中使用的弓箭是半圆形弓背的木质弓箭，以牛筋制作弓弦，弓箭两端镶嵌有牛角。整张弓长度约有 100 厘米。箭尾装饰有三排老鹰的羽毛。

箭筒的制作非常讲究。箭筒常用皮革或桦树皮制作，在上边镶嵌金银制作的各种装饰，然后在空白的地方绘制彩色的纹饰。

3. 较量技艺的射箭比赛

那达慕大会上的射箭比赛分为立射和骑射两种。男女老少都可以参赛，参赛人数从二十人到百余人。弓箭一般选用古老的牛角弓和雕翎箭。

立射就是站在固定的地点向远处的箭靶射箭。古代射箭主要是近射，主要有 25

步、50 步和 100 步三个距离标准。现今的立射多为远射，射程多超过 100 步。射箭人以八字步站立，重心下沉，双手拉弓将箭射向固定的箭靶。沉着的弓箭手拉动箭弦，接连射出三箭。箭儿急速飞向靶心，比赛结果以选手射中靶心的总环数计算名次。

骑射是指一边骑马沿长约百米的跑道奔跑，一边拉弓向依次排列的三个箭靶射箭。骑射比赛一般采取"三

| 射箭 |

轮九射"。就是说，每个比赛者参加三轮比赛，每轮每人射三箭，然后根据中靶的多少来决定输赢。比赛开始

| 立射 |

| 骑射 |

时，选手骑马从起点出发，策马奔跑的同时弯弓搭箭，向赛道上的三个箭靶依次射箭。传统的箭靶是悬挂起来的装有灰土的糟羊皮口袋。射中后箭靶会流出灰土。观众远远地就能看到是否射中。

骑射非常考验选手的沉着心态和灵敏反应。如果在一轮比赛中，射手一箭都没有射中，这会被认为是很丢脸的事情。

传统的民族游艺

| 传统的民族游艺 |

在那达慕期间，除了精彩的"男儿三艺"的比赛，我们还可以看到多种蒙古族传统游戏的比赛，如蒙古族民间传统的赛布鲁、赛骆驼和蒙古象棋等比赛。

一、力量与技巧的较量：赛布鲁

草原上流传着一个赛布鲁的美丽传说。有一个蒙古族公主叫海日图，这位美丽的公主非常喜欢玩掷布鲁的游戏。她掷布鲁的技艺非常高超，在整个草原上都很有名。海日图公主长得非常美丽，好多部落的王子和贵族公子前来求亲。海日图决定跟他们赛布鲁，谁能在比赛中胜出就能迎娶她。但是很可惜，没有一个人能战胜公主。后来一群牧民的小伙儿和公主比赛。其中有一个叫巴特尔的青年最终在比赛中赢了公主。于是，公主决定嫁给巴特尔。可是公主的父亲不想公主嫁给穷苦牧民的儿子，就派人把巴特尔杀害了。后来人们在那达慕大会上举行赛布鲁来纪念海日图和巴特尔。因此，赛布鲁的游戏很快就在草原上流行起来了。

布鲁是一种形似短柄镰刀的木质工具，短臂的一端用铅、铜或铁等金属包裹，或安装有铜箍环。布鲁起初是蒙古族的一种狩猎工具。

| 布鲁 |

| 赛布鲁 |

赛布鲁就是投掷布鲁的游戏，是蒙古族儿童喜爱的游戏之一。布鲁的投掷方法和投掷手榴弹很相似，手握布鲁瞄准目标投掷就可以了。儿童常三五成群地聚在一起赛布鲁，比赛谁打得准，谁扔得远。

为了投掷起来更顺手，布鲁的形状会根据使用习惯做轻微调整。内蒙古非物质文化遗产布鲁传承人满都拉为布鲁比赛设计制作了新式布鲁。新式布鲁分别设计了男女适用的造型，并在表面装饰了精美的蒙古族传统纹饰。

那达慕上的赛布鲁分为掷远布鲁和掷准布鲁两种，吸引了众多年轻人参加。

掷远布鲁在开阔的场地比赛，用"海雅木布鲁"向

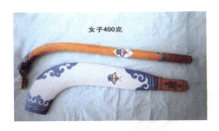

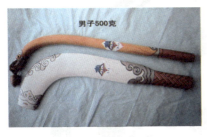

| 新式布鲁 |

远处投掷。选手手持布鲁使劲向前扔去，投掷得最远的人获胜。

掷准布鲁在开阔的长方形场地进行。在离投掷线30米远的地方立起三根高50厘米、直径4厘米的圆形木柱，木柱间隔10厘米。参赛者用"图拉嘎布鲁"向木柱投掷，每个参赛者有三次投掷机会。裁判根据击中木柱的实际情况计分。其计分方法是凡一次击倒三个木柱为10分，击倒两个为6分，击倒一个为2分。有的地方还会规定间接击中的计分。比赛结果按照得分的多少排列名次。

二、奔跑的骆驼：赛驼

赛驼最初流行于内蒙古西部阿拉善盟，后来发展成为蒙古族人喜爱的游艺。在1985年，赛驼被正式列入内蒙古自治区那达慕运动会的比赛项目。

骆驼被称为"沙漠之舟"，是住在沙漠地区的牧民的主要交通和运输工具。别看骆驼平时性格温和，走路慢吞吞，参加赛驼的骆驼却可以大步快速地奔跑，时速可以达到每小时60千米。

吊驼训练是赛前训练骆驼体质的方法。吊驼训练

| 赛骆驼 |

通过减少饮水和增加蛋白质调节骆驼的饮食，并逐步增强骆驼每天的奔跑距离和速度。经过吊驼后，骆驼的奔跑速度和健康都会有很大提升。吊驼是赛骆驼之前必须对骆驼进行的训练。否则，赛后骆驼会脱毛生病。

与赛马不同，赛驼不太剧烈。赛驼的选手有男有女，也有年龄较小的选手参加。儿童组多用年龄小于两岁的小骆驼。他们给骆驼穿上五颜六色的绸缎驼鞍，装扮的很漂亮。

赛驼分为骑骆驼赛跑和驼背射箭两种比赛。骑骆驼赛跑主要比赛骆驼的奔跑速度，最先到达终点的为胜者。

赛前，选手牵骆驼向篝火焚香，并绕火堆转三圈，祈求好的比赛成绩。有的选手会为骆驼献上白色的哈达来祈福。做好准备工作的选手在起点汇集，等裁判一声令下，选手就驱赶骆驼沿着跑道向前奔跑。

因为没有经过较好的训练或骑手的驾驭经验不足，有的骆驼会在比赛过程中偏

| 赛骆驼 |

离跑道，或者撞上其他骆驼。这虽然会影响比赛的顺利进行，但也引得人们开怀大笑。

赛后，参加比赛的选手按照比赛名次骑骆驼绕篝火小步跑三圈，让骆驼平静喘息。选手骑骆驼绕火堆跑象征感谢火神的庇护和保佑。赛后，萨满向篝火洒祭酒，并按照比赛名次为选手和骆驼唱祝颂辞和赞美歌。

驼背射箭是在比赛途中设置箭靶，比赛者一边驱赶骆驼前进，一边搭弓射箭，最终以中靶多者为胜者。

三、棋盘上的智慧：蒙古棋

蒙古棋是蒙古族民间流行的一种智力游戏，蒙古语称它为"沙特拉"。最早的蒙古棋棋子用染色的银扣、兽骨、树根、石子等充当。

后来改用各种造型的小木雕。

蒙古棋的棋盘与国际象棋的棋盘相同，分为黑白格两种颜色。除了常见的木质棋盘和石质棋盘外，为了方便放牧时携带，蒙古象棋还有布匹做成的棋盘。

蒙古象棋共32个棋子，分黑白两种颜色。黑白双方各有一王、一帅、双车、双象、双马和八个小兵。

蒙古棋的每个棋子都被雕刻成栩栩如生的人物、牲畜、野兽和战车的造型。在棋子的角色上，蒙古族融入草原文化，把国际象棋中的

| 早期蒙古象棋的布棋盘 |

| 蒙古象棋棋子造型 |

"象"做成"骆驼"，把国际象棋中的"兵"制作成猎狗的造型。

蒙古象棋的棋子造型来源于蒙古族的一些美好动人的故事和传说，这吸引了儿童对蒙古象棋的极大兴趣。在那达慕比赛上，儿童组的蒙古象棋比赛办得有声有色。

蒙古棋的走法与国际象棋的规则类似，执白棋的一方先走第一步，然后黑棋再走，如此轮流走棋。如果走到的格子有对方的棋子，就可将其拿掉，俗称为"吃子"。

蒙古象棋在走棋方法上有自己独特的地方，如马不能别足，不能吃光对方的棋子等。当一方的王被对方"将死"，就算输棋；当双方均只剩王或双方只剩同色格的单骆驼，即为平棋。

精彩纷呈的那达慕会场

| 精彩纷呈的那达慕会场 |

一、美轮美奂的歌舞表演

蒙古族是一个能歌善舞的民族。他们的舞蹈常模仿矫捷的大雁和活泼的马儿，动作热情奔放。蒙古族音乐抑扬顿挫，活泼跳跃。

蒙古族歌舞是那达慕大会中不可缺少的内容。大会组织了丰富多彩的篝火晚会。伴着热情奔放的蒙古民

| 那达慕歌舞表演 |

| 安代舞 |

间音乐，姑娘和小伙子一起表演"安代舞""盅碗舞""筷子舞""牛斗虎舞""摔跤舞"等。"安代舞"的神秘和祈福、"盅碗舞"的典雅优美、"筷子舞"的节奏动感和"摔跤舞"的激烈格斗都给观赏者带来非常好的观赏体验。

除了大会安排的表演，牧民还常聚在一起表演歌舞

| 盅碗舞 |

|篝火晚会|

来自娱自乐。那达慕期间，牧民穿着节日的盛装，姑娘打扮的格外漂亮，小伙子也英姿勃发。夜晚下，那达慕会场里的蒙古包个个灯火通明，亲朋好友汇集在一起，摆上丰盛的食物，聚在一起喝马奶酒、吃烤全羊，宴饮到深夜。

蒙古包外，篝火熊熊燃烧，人们围坐在篝火边。多才多艺的牧民拉起马头琴，合唱草原民歌。美丽的姑娘跳起民族舞。歌手一展歌喉，即兴歌唱，赞美幸福的生活。人们通宵载歌载舞，畅快而欢乐。远处的敖包下，青年男女唱起了动情的《敖包相会》。在这美丽的草原之夜，那达慕把人们紧紧地联系在了一起。

二、那达慕上的"浩特"

那达慕"浩特"指的是那达慕期间在会场周围搭建的蒙古包群落。"浩特"在蒙古语中是城市的意思。

那达慕期间，人们骑马、驾着马车或骑着摩托车赶来会场，还有的赶着牛拉的勒勒车。

远道而来的牧民为了避免往返的劳顿，就在会场外搭起蒙古包。每逢那达慕大会，远方的人们从草原的各个方向赶着马车，载着帐篷来会场附近安营扎寨。成群的牛车和马车运来了"移动的蒙古包"和生活用具，孩子们帮助大人搭建起蒙古包。

那达慕"浩特"在那达慕开幕前建起，空旷的那达慕会场周围突然出现几百座蒙古包，密集的像一座城市。有的蒙古包是牧民的临时住所，有的蒙古包是餐馆，有的是商人用作经济贸易的，有的是民族服饰和工艺品的展示厅，还有用作宣传科技和政策的宣传室。

蒙古包在蒙古语中称为"蒙古勒格尔"。蒙古包是一种圆形白色的毡帐，是蒙古族游牧时的住所。蒙古包用柳木、兽皮和羊毛毡搭建，用毛绳固定各部分，可以反复地拆卸和组装。

| 那达慕期间的勒勒车 |

| 移动的蒙古包 |

一座蒙古包的主体部分包括哈那（蒙古包的支架）、乌尼（蒙古包顶部连接底部和天窗的支架）、陶脑（蒙

| 搭建中的蒙古包 |

| 蒙古包 |

| 那达慕期间驻扎的蒙古包 |

| 蒙古包内部 |

古包的天窗）、毡围、毡顶和乌德（门）等构成。蒙古包直接在草地上撑起，顶部留有圆形天窗通风。

三、多姿多彩的蒙古族服饰

在那达慕期间，我们能观赏到丰富多彩的蒙古族服饰。那达慕大会上，蒙古族姑娘的竞技比赛和舞蹈表演展示了他们的豪情。但是最能表现她们心灵手巧的是民族工艺品和蒙古袍的制作。

蒙古族的服饰包括蒙古袍、帽子、长短坎肩、腰带、蒙古靴和精美的首饰。蒙古袍用动物毛皮和布做成，整体很肥大，袖子很长。这种袍子造型的衣服防寒能力强，且便于骑马。蒙古族的男子常在腰间挂刀、火镰和鼻烟壶等。女子常佩戴玛瑙、珊瑚和碧玉做成的首饰。

　　蒙古族分为多个部落，每个部落的服饰不一样，主要有鄂尔多斯服饰、乌珠穆沁服饰、乌拉特服饰、科尔沁服饰、和硕特服饰和土尔扈特服饰等十几种。在那达慕上，我们常看到多种不同的蒙古族服装。

　　那达慕赛场上最有特色的服饰是蒙古族的摔跤服。摔跤服是蒙古族男子在搏克比赛时的服饰。他们头上扎着红、黄、蓝三色的头巾，脖子戴着彩色丝带做成的"江嘎"。

　　摔跤手上身穿着一种叫做"卓多格"皮坎肩。这种坎肩没有袖子和前襟，一般用牛皮、鹿皮或驼皮做成，上边用银帽钉或铜帽钉作为装饰。坎肩的后背位置装饰

｜蒙古族服饰｜

｜乌珠穆沁蒙古族服饰｜

｜肃北蒙古族服饰｜

| 走向赛场的博克 |

| 精致的卓多格和宽大的摔跤裤 |

| 有 40 年历史的摔跤裤 |

着龙、鸟、花蔓、怪兽、家族标志等彩色图案，更加彰显了摔跤手的勇猛。

摔跤裤肥大而多褶，腰上绣着龙、蛇、鳄鱼等图案，在膝盖位置有精细的刺绣图案，图案多用孔雀羽毛、火焰等造型绣制成底色鲜艳的装饰。

摔跤手腰上装饰有一条宽皮带或者红、黄、蓝三色的绸腰带。脚上，穿着皮制或布制的蒙古马靴。这样的装扮使摔跤手看起来很强壮。曾经获得比赛名次的摔跤手会在脖子上戴上五彩丝绸做成的"扎嘎"，扎嘎越

| 博克服装 |

多，说明被授予冠军的次数
越多。

四、色香味俱全的蒙古美食

在那达慕大会上，我们
可以品尝到正宗的蒙古族美
食。比如，在祭祀敖包的仪
式上，我们可以分享到供奉
神灵的奶酪等。在晚间的篝
火晚会上我们可以品尝到烤
全羊等美味。在会场周边的
蒙古包饭店和食品店里，各
种特色的蒙古食品吸引人们
的目光。那你知道蒙古族美
食都包括哪些吗？

| 蒙古族红食 |

| 蒙古族白食 |

| 蒙古族奶食 |

蒙古族的传统饮食以
奶和肉为主。他们既吃狩猎
的野兽的肉，也吃圈养的家
畜的肉和奶。概括起来说，
蒙古族的饮食主要分为四

| 在会场自制酸奶 |

种类别：面食、肉食、奶食和茶食。

这四种饮食都是吃什么呢？

面食就是以面粉制作各种食物，比如面条和烙饼，是内蒙古农区的主要食物。其中，炒米蒙古族最喜欢的美食。

肉食主要以动物的肉做成各种食物，蒙古族又称为"乌兰伊德（红食）"。蒙古族吃的肉类主要为牛肉和羊肉，也吃少量的马肉。在狩猎季节，他们还吃捕获到的黄羊的肉。整羊背、手扒羊肉、羊肉串和涮羊肉等做法都是非常美味的，这些都已经成为全国人民爱吃的美食，其中，最有特色的红食是烤全羊。

奶食主要以奶和奶制品为食物。蒙古族认为奶是白色的，是最圣洁和干净的食物，又称为"查干伊德（白食）"。奶食主要包括鲜奶、酸奶、奶酒和奶制品。奶制品种类丰富，包括黄油、奶皮子、奶酪和奶油等，营养特别丰富。

那达慕期间是马奶酒最香醇的季节。汇聚亲朋和招待宾客都少不了马奶酒。关于马奶酒还有一个故事呢。据传，忽必烈在一次庆功宴上犒赏文武百官。有一位武将喝醉酒了，非常失态，大臣们就指责他。可是忽必烈却说："马奶酒能帮助消化，对身体有益。让他美美睡上一觉吧。"因此，马奶酒越发受到蒙古族的喜爱。

蒙古族热爱茶食，每天第一件事就是煮奶茶。有时在奶茶中加入黄油或者奶皮子，味道特别好。除了奶茶，红茶也是蒙古族的最爱。有时，还会将新采集的野果、叶子或花放到奶茶中煮，既能煮出好的味道，又能预防疾病。蒙古族爱茶如命，牧民常说："宁可一日无食，不可一日无茶。"

在那达慕上，人们聚到一起看比赛，尝美食，尽情地娱乐玩耍。人们在会场制作各种美食。在那达慕期间，我们可以尝到各种各样的蒙古美食，一定让你流连忘返。

五、兴盛的交易

物资交流和经济贸易是那达慕大会自古至今的一个重要任务。在过去，蒙古族的游牧生活导致家庭日需品的购买和牲畜的交易非常不方便。牧民通常会在那达慕

| 那达慕期间的餐馆和商业蒙古包 |

上卖出牲畜等农牧产品，再购买日用品。因此，那达慕作为草原上的大聚会就承担起了物资交流的任务。

最初在那达慕大会期间的交易只限于"物物交换"，牧民用自己的畜产品换取需求的日用品，如用羊肉换取食盐，用羊皮换剪刀等。

随后，那达慕大会上的贸易逐渐发展起来，内蒙古的农牧产品、蒙古族工艺品和美食都成为供不应求的交易物资。外来的商人会前来洽谈商业和贸易。各种商品和民族工艺品等也会在蒙古包里展出。

如果你喜欢上了哪个部落的蒙古袍，或者一件精致的工艺品，在会场上的蒙古包里你都可以找到它。

这就是蒙古族的那达慕，那达慕是蒙古族古老文化的展示。那达慕期间，座座蒙古包就如碧绿草地上的一颗颗明珠，在蓝天白云下散落。人们穿着美丽而优雅的民族服装，兴高采烈地聚集在一起。雄壮的蒙古汉子展开激烈的搏克比赛，经验丰富的牧民展示自己的驭马之术，勇敢的少年策马奔腾，畅享比赛的乐趣。盛大的民族歌舞表演在草原上掀起才艺展示的高潮，歌声此起彼伏。银碗斟满了奶酒，桌上摆满了牛羊肉，古老的歌谣和赞美之词描绘了蒙古族的欢乐和幸福生活。那达慕上激动人心的时刻汇成了一曲欢快而又热烈的乐章，就如蒙古长调一样，时而高亢悠远，时而又舒缓自由。

图书在版编目（CIP）数据

蒙古族那达慕 / 陈国玲编著. -- 哈尔滨 ： 黑龙江
少年儿童出版社，2017.12（2021.8 重印）
（记住乡愁 ： 留给孩子们的中国民俗文化 / 刘魁立
主编）
ISBN 978-7-5319-5613-6

Ⅰ. ①蒙… Ⅱ. ①陈… Ⅲ. ①那达慕大会—青少年读
物 Ⅳ. ①K892.312-49

中国版本图书馆CIP数据核字(2017)第328142号

记住乡愁——留给孩子们的中国民俗文化 刘魁立◎主编

蒙古族那达慕 MENGGUZUNADAMU 陈国玲◎编著

出版人：商 亮
项目策划：张立新 刘伟波
项目统筹：华 汉
责任编辑：于 淼
整体设计：文思天纵
责任印制：李 妍 王 刚
出版发行：黑龙江少年儿童出版社
　　　　　（黑龙江省哈尔滨市南岗区宣庆小区8号楼 150090）
网　　址：www.1sbook.com.cn
经　　销：全国新华书店
印　　装：北京一鑫印务有限责任公司
开　　本：787 mm×1092 mm 1/16
印　　张：5
字　　数：50千
书　　号：ISBN 978-7-5319-5613-6
版　　次：2017年12月第1版
印　　次：2021年8月第3次印刷
定　　价：35.00元